AF496839

LIBRO LIBER

Le livre d'après ma devise
Au livre doit souvent le jour,
Qu'il soit né génie ou sottise
Il peut être père à son tour.

Athée ou croyant à sa guise,
Sans souci du contre ou du pour
Il crée ou tue, élève ou brise,
Et sème la haine ou l'amour.

A sa voix l'homme est lâche ou brave,
Il le rend libre ou bien esclave,
Et l'instruit à vivre-mourir.

Enfin Science, Art, Industrie,
Famille, Humanité, Patrie
Liront en lui leur avenir !

Alfred Vial

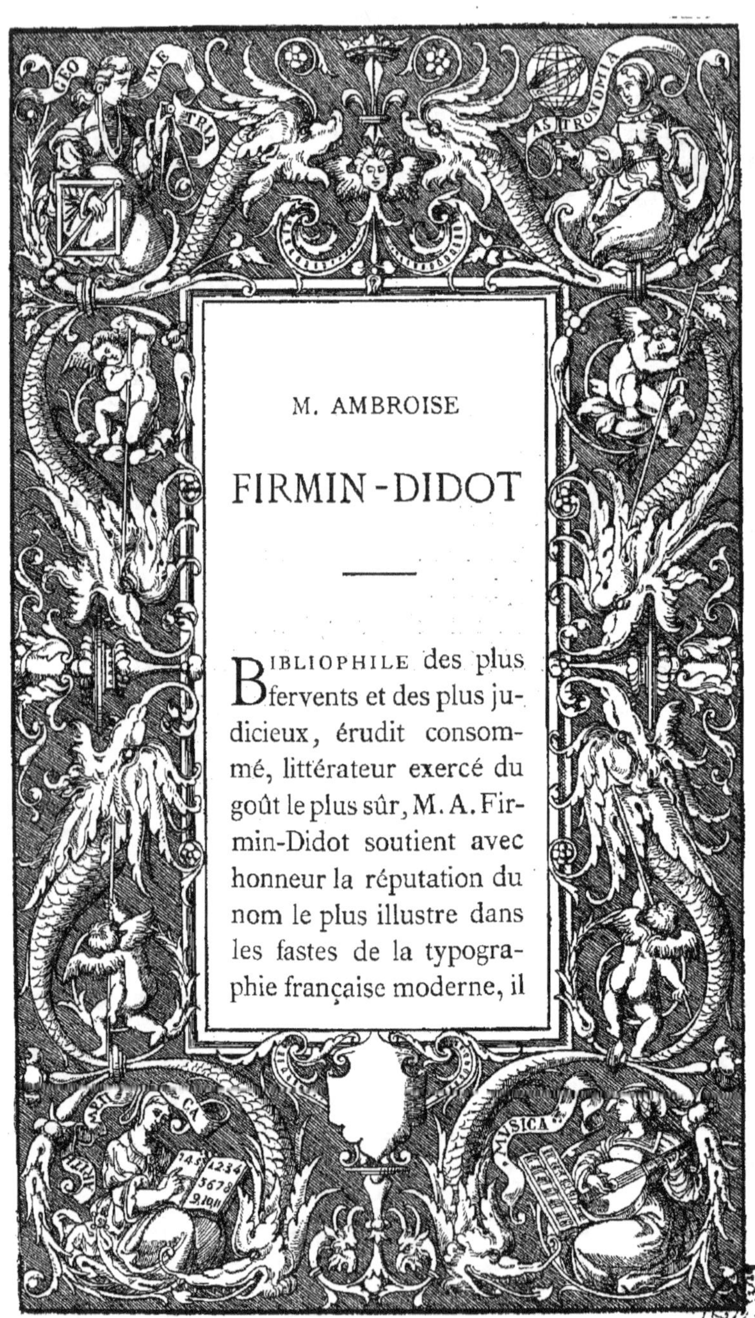

M. AMBROISE

FIRMIN-DIDOT

———

Bibliophile des plus fervents et des plus ju-
dicieux, érudit consom-
mé, littérateur exercé du
goût le plus sûr, M. A. Firmin-Didot soutient avec
honneur la réputation du
nom le plus illustre dans
les fastes de la typogra-
phie française moderne, il

ajoute un éclat nouveau à une célébrité européenne qui remonte à près d'un siècle.

Nous n'avons pas ici à signaler les grandes et utiles publications que cette maison a multipliées, publications qui, par leur mérite, par les soins de l'exécution, par les sacrifices qu'elles ont exigés, par les trésors de science qui y sont répandus, forment un contraste saisissant avec cette foule de livres qui se succèdent rapidement et qu'attend un juste oubli. Nous nous reprocherions toutefois de ne pas faire une mention spéciale de deux monuments élevés en l'honneur de la littérature hellénique ; la *Bibliotheca græca* qui compte plus de cinquante volumes, et qui offre les textes les plus purs, les plus complets de tout ce qui nous est parvenu de cette littérature immortelle, et le *Thesaurus græcæ linguæ*, bien supérieur à tous ses devanciers, dernier mot du savoir humain au sujet de la langue d'Homère et de Sophocle.

En 1825, âgé de trente-cinq ans, M. Didot, qu'un attrait invincible appelait vers les champs de Marathon et vers les lieux qu'a immortalisés l'*Iliade*, publiait des *Notes d'un voyage fait dans le Levant*, titre modeste placé en tête d'un volume qui, en son genre, ne saurait être dépassé ; en 1833, il mettait au jour une excellente traduction de Thucydide, le premier de tous les historiens helléniques. Nous n'avons pas à le suivre dans les travaux divers qu'il a plus tard mis au jour et qui tous témoignent des recherches les plus consciencieuses. La sûreté des appréciations, l'exactitude du jugement s'y combinent avec la netteté du style. Son édition des *Odes d'Anacréon* offre, à côté du texte, une traduction aussi élégante que fidèle ; le chantre de Téos n'a jamais été l'objet d'appréciations plus sûres. Typographe de premier ordre, M. A. Firmin-Didot n'a cessé de se préoccuper de l'origine et des progrès de la typographie ; ses recherches sur Gutenberg, sur les Estienne, disent le dernier mot de ce que l'on peut connaître et dire d'utile au sujet de ces imprimeurs illustres. La gravure en bois, cet art qui, dès la fin du quinzième siècle, joue dans l'ornementation des livres un rôle destiné à faire, dans le cours du seizième, les progrès les plus rapides, est, pour M. Didot, l'objet d'un intérêt tout spécial; il enseigne le résultat de ses études dans un ouvrage qui est, à coup sûr, ce qui existe de mieux sur ces questions parfois peu connues. Dirigeant son attention vers d'autres points, l'infatigable érudit publie, sur l'orthographe française, sur les réformes et les tentations de réformes qu'on a voulu lui appliquer, un nouveau livre plein de faits nouveaux et ouvrant des perspectives parfaitement justes sur des questions presque toujours mal comprises.

Nous n'apprendrons rien aux amis des livres en rappelant que la bibliothèque de M. A. Firmin-Didot est une des plus précieuses qui existent en France; nous croyons même qu'on lui rend justice en la plaçant au premier rang. Là se montrent en foule les volumes les plus rares et les plus précieux, revêtus de riches reliures et de la plus irréprochable conservation. Les productions primitives de la typographie ont été réunies avec un amour passionné; la collection des romans de chevalerie est sans rivale; leur heureux propriétaire a entrepris d'en publier un catalogue raisonné, qui est un inappréciable répertoire de cette portion si importante de la bibliographie; les livres avec figures sur bois abondent, ainsi que les Elzeviers, les productions des typographes les plus célèbres, les chefs-d'œuvre de toutes les littératures, les raretés de toute espèce; mais c'est surtout au point de vue des manuscrits du moyen âge que la collection de M. Firmin-Didot est sans rivale.

Tout récemment, cette admirable collection s'est enrichie d'un joyau unique, le célèbre *Livre d'Heures* de Bussy Rabutin, immortalisé par un vers de Boileau, et offrant quelques portraits admirables d'individualités fort connues à la cour de Louis XIV. Ce petit volume avait, on le sait, paru en 1784, à la vente du duc de La Vallière, le plus ardent, le plus insatiable des collectionneurs du siècle passé; mais, depuis, il était resté enfoui dans les archives d'une noble famille, et sa trace paraissait perdue. A peine s'est-il remontré au jour, qu'il est entré dans les mains les mieux faites pour conquérir une rareté aussi exceptionnelle.

G. B.

UNE LÉGENDE

BIBLIOTHÈQUE DE L'ARSENAL

Je me souviens qu'en l'année 1827 ou 1828, je vins pour la première fois à la Bibliothèque de l'Arsenal, non pour y travailler, mais pour rendre visite à un des sous-bibliothécaires de cette Bibliothèque, J.-B.-Augustin Soulié, qui m'avait gracieusement prié de venir le voir et qui devait me montrer quelques poésies inédites d'André Chénier, cet admirable poète qu'Henri Latouche nous avait fait connaître par deux éditions successives publiées en 1819 et 1822, et qu'un nouvel éditeur, D.-C. Robert, avait traité avec assez peu de soin et de goût dans une réimpression plus complète donnée en 1826 d'après les manuscrits de l'auteur.

J.-B.-Augustin Soulié demeurait dans un petit logement tout rempli de livres et de papiers, situé au second étage du bâtiment de la Bibliothèque; on y arrivait par le grand escalier, qui subsiste encore tel qu'il était du temps de Sully et qui conserve son aspect délabré, ses degrés de pierre usés par les pas, ses murailles salies et crevassées, ses paliers sordides et poussiéreux. En montant cet escalier, après avoir passé devant l'entrée de la Bibliothèque, je vis sortir d'une espèce de caveau qui s'ouvre au milieu de la deuxième rampe, un homme inconnu, dont la physionomie étrange est toujours présente à ma mémoire.

Sa figure hâve et sérieuse, ses regards perçants et inquiets, sa bouche pincée et grimaçante étaient accompagnés d'une épaisse chevelure en broussailles et par une barbe jaunâtre qui ressemblait à une crinière de léopard. Ce personnage, qu'on pouvait prendre pour un fou échappé de Bicêtre, n'avait pourtant pas l'air méchant ; ses allures accusaient même une sorte de timidité douce et craintive. Ses vêtements en désordre, couverts de taches, qui par suite d'un long usage n'avaient plus ni forme ni couleur, gardaient pourtant quelques traces d'un ancien uniforme militaire étranger.

Ce pauvre homme avait la tête nue et aussi les pieds nus dans des sabots garnis de vieille paille hachée. Il portait dans chaque main une cruche vide et descendait rapidement, en parlant tout seul à demi voix. Lorsqu'il passa près de moi, sans interrompre son soliloque, il me salua poliment d'un bonjour enveloppé de mots grecs ou allemands inintelligibles pour moi.

Je continuai mon ascension, en me demandant quel était ce singulier habitant de l'Arsenal, et je fus tiré de ma rêverie par le bruit d'une marche traînante et d'une jambe de bois frappant le plancher en cadence. C'était une femme qui venait à moi du fond du corridor sombre, et la jambe de bois appartenait à cette femme, que je vis disparaître comme une apparition fantastique dans les détours de l'escalier. Elle avait la mine fière et arrogante ; elle s'en allait, la tête haute, en boitant, ainsi qu'un vieil invalide qui s'imagine que chacun doit savoir le nom de la bataille dans laquelle il a perdu sa jambe.

Cette femme ne devait pas avoir moins de soixante ans ; elle était mise assez proprement, quoique la robe qu'elle portait eût autant de pièces qu'un habit d'arlequin, et ses cheveux gris, qui s'échappaient par mèches hors de sa coiffe de linge, ne prouvaient pas qu'elle songeât à cacher son âge. Elle m'avait salué aussi d'un bonjour protecteur.

— En vérité, dis-je à J.-B.-Augustin Soulié en entrant chez lui, est-ce que la Bibliothèque de l'Arsenal correspond avec la Cour des Miracles ?

— Ah ! s'écria-t-il avec un malin sourire, vous aurez rencontré le sauvage de l'Arsenal ?

— Et, de plus, une grande et vilaine femme avec une jambe de bois.

— Une brave femme, vraiment, mademoiselle Julie, qui est amoureuse de notre sauvage. Ce sont les amours de Charlotte et de Verther, à la manière allemande.

— Où diable l'amour va-t-il se nicher ? Expliquez-moi ce que c'est que cette pastorale, et racontez-moi l'histoire de vos bergers d'Arcadie ?

— Je vous en dirai le peu que j'en sais, et je doute fort que personne en sache plus que moi dans l'Arsenal. Le berger ou le Verther est un Allemand, d'autres disent un Hongrois, nommé Menteli ou Mentli.

— Il est affreux, interrompis-je, et c'est à en rêver dans un cauchemar.

— Il est bien inoffensif, je vous assure, et il ne tuerait pas une de ses puces pour se désennuyer. C'est, du reste, un savant de premier ordre.

— Un savant ! Voulez-vous nous dégoûter à jamais de la science ?

— Je vous atteste que nos académies ne possèdent pas un savant pareil, si elles en ont de mieux peigné ou de mieux vêtu. Ce Menteli est un linguiste universel, un grammairien des plus érudits, un philologue prodigieux.

— Vous faites confusion, je vous parle de l'homme que j'ai vu nu-pieds avec une cruche vide dans chaque main…

— C'est cela ; il va chercher l'eau dont il a besoin, non pour faire sa toilette, je vous jure, mais pour se désaltérer, car il ne boit que de l'eau à ses repas, et cette eau, il la puise lui-même à la rivière. Quant à ses repas, ils sont du genre le plus frugal : il ne mange que du pain de munition, qu'il achète à la porte de la caserne.

— Et ce malheureux savant loge dans les bâtiments de l'Arsenal?

— Oui, dans ce caveau qui s'ouvre sur l'escalier et d'où vous l'avez vu sortir. Il y reste enfermé des jours entiers, des semaines entières ; il lit, il écrit sans cesse dans une demi-obscurité à laquelle ses yeux se sont accoutumés…

— Eh ! que lit-il ? qu'écrit-il ainsi ?

— Une grammaire comparée de toutes les langues du monde, un dictionnaire polyglotte qu'il a commencé, dit-il, depuis plus de vingt ans, et qui exigera encore un travail de vingt années. Quant aux livres dont il se sert, il ne les emprunte pas à la Bibliothèque, il les avait lorsqu'il trouva un asile dans le bouge qu'il occupe, et il en achète quelquefois; mais, comme il l'a dit plus d'une fois à Charles Nodier, il peut se passer de livres : sa mémoire lui fournit tous les matériaux nécessaires pour la composition de ses ouvrages.

— Mais d'où vous est venu cet original ? Comment s'est-il installé dans la Bibliothèque, ou du moins à côté d'elle ?

— Je l'ignore, et tout le monde l'ignore ainsi que moi. On prétend que Menteli était attaché comme interprète aux armées alliées qui entrèrent à Paris en 1814. Il aurait choisi alors les bâtiments de l'Arsenal pour y planter sa tente, et, depuis cette époque, il y serait resté par cela même qu'il y était entré avec l'autorisation ou la tolérance de l'administrateur Treneuil. On raconte qu'il a rendu quelques services aux bibliothécaires qui étaient en peine de classer certains volumes imprimés en langues étrangères. Je me suis laissé dire que Menteli avait même fait le catalogue descriptif de divers manuscrits orientaux que nous possédons, mais toujours est-il que je ne l'ai jamais vu pénétrer dans l'intérieur de la Bibliothèque, depuis que j'y suis employé moi-même.

— Mais enfin, de quoi vit-il ? Ne mangeât-il que du pain et ne bût-il que de l'eau, il faut que quelqu'un le nourrisse ?

— Il dépense si peu de chose ! Le concierge de l'Arsenal dit avoir découvert que Menteli avait un trésor, peut-être une poignée de louis ou d'écus, qu'il tient cachés sous la paille qui lui sert de lit. En effet, il ferme soigneusement sa porte, quand il est appelé au dehors par la nécessité de se pourvoir de pain et d'eau.

— Et mademoiselle Julie, l'héroïne de ce roman champêtre et bibliotechnique ?

— Elle habite aussi l'Arsenal par droit de conquête ; elle était fille d'un ancien concierge de l'établissement. On raconte qu'elle a perdu une jambe, en Allemagne, sur le champ de bataille, lorsqu'elle était cantinière dans l'armée française. C'est peut-être sur le champ de bataille qu'elle a fait connaissance avec Menteli ; dans tous les cas, c'est à l'Arsenal qu'ils se sont retrouvés, et ils ne se quitteront plus, que pour aller ensemble au cimetière. Vous ne soupçonniez pas que nous avions sous les yeux, à la Bibliothèque de Monsieur, une sorte de roman en action qui rappelle tour à tour *Paul et Virginie, Daphnis et Chloé, Verther et Charlotte.*

— Ce que c'est que la science ! repartis-je tristement : savoir toutes les langues anciennes et modernes, et se mettre en communion d'âme avec une vieille cantinière qui a une jambe de bois !

Depuis ce jour-là, je ne vins pas une seule fois à l'Arsenal sans demander des nouvelles de Menteli. — Il continuait son train de vie, enfermé dans son bouge avec ses livres et ses manuscrits, lisant, écrivant sans cesse, ne mangeant que du pain de soldat, ne buvant que de l'eau, couchant tout habillé sur la paille et n'ayant de relation au monde qu'avec sa cantinière à jambe de bois.

Je parlais quelquefois de cet homme étrange à Charles Nodier, qui avait essayé de le tirer de sa tanière et de sa solitude, mais qui ne réussit pas à lui inspirer l'amour de ses semblables. C'était un monomane incurable, me disait Charles Nodier : il fallait l'abandonner au genre de vie qu'il s'était fait et qui lui procurait un bonheur relatif.

— Je regrette pourtant, ajoutait Charles Nodier, de n'avoir pu obtenir communication des livres et des manuscrits qui forment sa bibliothèque et qui doivent être très rares et très curieux, car il s'occupe maintenant des runes scandinaves, et, par manière de récréation, il étudie l'origine des patois.

Au commencement de 1837, dans une visite que je fis à l'Arsenal j'appris que Menteli était mort un mois auparavant : le concierge prétendait qu'il avait voulu, dans un accès de jalousie contre mademoiselle Julie, en finir avec l'existence, et qu'il s'était noyé en allant remplir ses cruches à la rivière.

Quoi qu'il en fût, on n'avait pas ramené son corps à l'Arsenal, et il avait été transporté directement à la Morgue, quand on le retrouva sous les trains de bois de l'île Louviers. On ne lui connaissait ni parent, ni héritier. Le Domaine avait pris possession de sa succession en déshérence et fait vendre à l'encan tout ce qu'on avait trouvé dans son gîte, notamment ses livres et ses manuscrits.

Le bruit courut que le trésor, qu'on l'avait accusé d'enfouir sous sa paillasse, avait été enlevé, avant l'arrivée des agents du Domaine, et en effet, il existait, dans le plancher de la logette où Menteli avait élu domicile, une excavation qui semblait avoir été faite dans le but de cacher quelque chose. Cette excavation n'a même été fermée avec du plâtre que longtemps après, lorsque je me suis servi de l'ancienne demeure de Menteli pour y établir un bûcher.

Mademoiselle Julie survécut longtemps à son ami, mais la tradition qui concernait le savant hongrois était déjà presque effacée à l'Arsenal, lorsque j'eus occasion de parler de lui à un de nos meilleurs bibliographes, M. Serge Poltoratzky, qui l'avait connu et qui me donna sur son compte les détails les plus précis et les plus intéressants.

Menteli était, par nature et par caractère, un original des plus bizarres : il appartenait à une famille honorable de Hongrie et il y avait laissé le souvenir d'un des hommes les plus doctes de son temps. Le hasard ou le caprice l'avaient conduit en France et fixé à l'Arsenal. M. Serge Poltoratzky ignorait les motifs et les détails de son odyssée ; mais ce dont il pouvait se porter garant, c'était la merveilleuse érudition de Menteli, en fait de linguistique comparée.

Quant aux livres et manuscrits que Menteli possédait et dont l'acquisition avait absorbé le plus clair de ses ressources pécuniaires, ils étaient du plus grand prix, de la plus insigne rareté. On ne saurait donc trop regretter leur disparition. On doit supposer qu'ils furent recueillis par quelque libraire intelligent et qu'ils sont rentrés dans la circulation du commerce des livres rares et précieux. Quant aux manuscrits, vendus au poids, ils auront certainement été mis au pilon.

M. Serge Poltoratzky soutenait que Menteli n'était pas aussi misérable qu'il en avait l'air ; il affirmait que ce philosophe stoïcien vivait sans doute sobrement, mais qu'il ne se refusait pas de temps à autre un *extra* de bonne chère : ce qui m'étonna beaucoup et me laissa un peu incrédule. Cependant, M. Serge Poltoratzky avait assisté, disait-il, à un de ces repas où le sauvage de l'Arsenal s'était permis de manger de la viande et de boire du vin. On comprend que notre cher bibliographe n'avait pénétré dans la caverne de Trophonius que pour voir et toucher les livres, qui piquaient avec raison sa curiosité d'amateur.

Enfin, M. Serge Poltoratzky, dont la prodigieuse mémoire n'est jamais en défaut, se souvint que Charles Nodier avait consacré à Menteli une notice nécrologique, qui fut publiée en Allemagne et en Russie, et que je n'avais jamais rencontrée dans les publications de bibliographie française. Il fit plus, il m'envoya cette notice, que je fais réimprimer aujourd'hui, en le remerciant d'avoir ajouté quelques pages charmantes, inédites ou inconnues, aux œuvres de mon illustre prédécesseur Charles Nodier.

Les voici :

« Au mois d'avril 1824, le vieux bâtiment de l'Arsenal, à Paris, reçut trois nouveaux hôtes : M. Saint-Martin, de l'Académie des inscriptions et belles-lettres, y fut envoyé comme administrateur, et l'auteur de cette notice, comme bibliothécaire. Le troisième était un savant hongrois, nommé Menteli, auquel l'autorité jugeait à propos d'accorder le couvert dans un des plus modestes réduits du bâtiment. De ces trois hommes, je suis le seul qui vive encore, si l'état de souffrance où je languis peut s'appeler la vie. Menteli, dont l'érudition historique ne fut jamais en défaut, me comparerait sans doute au Spartiate Othryadas, qui ne survécut à ses compagnons que pour leur donner la sépulture.

« L'histoire passée de Menteli était un mystère impénétrable, car on aurait vainement essayé d'en saisir quelques notions dans les épanchements abondants, mais incohérents et diffus de sa conversation polyglotte. Il serait même difficile de dire s'il avait été jurisconsulte, prêtre ou soldat. Ce qu'on sait positivement de lui, c'est qu'aucun homme ne reçut jamais une éducation plus forte et plus variée, ou bien, ne parvint à suppléer à l'absence de la première éducation par des travaux plus vastes et plus opiniâtres. Il connaissait toutes les langues dont les savants connaissent le nom, et se vantait, comme Guillaume Postel, son prototype, de pouvoir aller à la Chine sans interprète, en partant de tel point de l'Europe qu'on voulût lui indiquer. Cependant, le slave, l'arabe, le persan, l'hébreu, le grec, le latin, étaient ses langues spéciales et usuelles, et ce dernier mot ne dit lui-même rien de trop, car c'était de la fusion de ces idiomes si divers avec le français, qu'il avait composé son langage propre, soit qu'il parlât, soit qu'il écrivît. Ce n'était pas qu'il lui manquât un seul mot du français en particulier; mais l'excessive rapidité de ses idées, servie par une incroyable volubilité d'articulation, ne lui permettait pas d'attendre le terme nécessaire, quand il en trouvait soixante à sa disposition pour exprimer la même chose. Seulement, s'il s'apercevait qu'on ne le comprît pas encore, quand il avait épuisé la kyrielle de ses synonymes, il daignait faire une pose d'une seconde, et jeter

VI.   6 enfin la traduction vulgaire à l'auditeur étonné, avec cette phrase de concession : Comme vous dites, vous autres.

« Il y a treize ou quatorze ans qu'on eut l'heureuse idée d'employer Menteli à une exploration dont il était seul capable. On le chargea de déterminer dans une bibliothèque immense la langue et le sujet de tous les manuscrits qui échappaient à l'omniscience de nos érudits, et cette tâche importante fut taxée à dix-huit cents francs d'honoraires. Un mois écoulé, toutes les langues étaient nommées, tous les titres étaient traduits, tous les livres rangés sous leur catégorie respective. Menteli toucha son mois, et ne reparut plus. « Et votre place ? lui dit-on. — Je n'ai plus de place, répondit-il, puisque le travail est fini. » C'est alors qu'en témoignage de reconnaissance, on lui donna une cellule dans le palais de Sully. Menteli n'en demandait pas davantage. Il jouissait d'une rente de cent cinquante-quatre francs, sur laquelle il se flattait de faire de grosses économies. Je l'ai même vu quelquefois embarrassé de son argent, et cherchant à le placer dans des mains sûres, de crainte d'accident. Depuis quelques semaines, il ressentait toutes les inquiétudes de l'opulence. Il craignait les voleurs.

« Ces dernières circonstances demandent une explication, dont se passeraient volontiers les personnes qui ont vu Menteli, et qui connaissaient sa manière de vivre. De toutes les études qui avaient occupé sa laborieuse existence, il n'en était point qu'il eût plus approfondie que celle des philosophes anciens. Platon surtout était son oracle ; il le savait par cœur et le mêlait dans tous ses discours ; il aurait presque répondu au nom de Platon, comme Pythagore à celui d'Euphorbe, et la nature n'avait rien épargné pour lui faire naître l'idée de cette incarnation philosophique à laquelle je n'étais pas fort éloigné de croire moi-même, car le hasard des ressemblances n'en a point produit de plus frappante que celle de Platon et de Menteli. Mais ce n'était point la vie pratique de Platon qu'il avait prise pour modèle, c'était celle de Diogène, et les habitués de la Bibliothèque ne le désignaient pas sous un autre nom.

« La garde-robe de Menteli se réduisait à une vieille capote militaire qui ne paraissait pas avoir été jamais neuve, et sa chaussure à une paire de sabots. Sa barbe touffue et mêlée lui donnait quelques airs de ce paysan du Danube, dont Quévare et La Fontaine ont tracé le portrait. Il se nourrissait de ce pain de rebut dont on fait commerce à la porte des casernes, et auquel il joignait tout au plus dans les grands jours certaines racines ou certains légumes crus, car l'usage du feu lui était aussi étranger qu'à l'homme primitif. Son mobilier se composait d'un fauteuil de bois, d'un escabot et d'un petit bahut propre à serrer ses livres et ses papiers, mais je crois qu'il avait trouvé ces objets de luxe dans l'établissement, ce qui le dispensa de se pourvoir d'autre chose que d'une écritoire et de deux jarres de terre. N'oublions pas cependant un grand sac de toile avec lequel il allait tous les quinze jours à la provision, et qui lui servait de garde-manger. Voilà un inventaire tout dressé pour le fisc qui va se saisir de son héritage. Il est facile de comprendre d'après cela les grosses économies de Menteli, ces magnifiques épargnes qui lui permettaient, il y a quelques années, de mettre quatre cents francs à l'acquisition d'un manuscrit précieux. Je n'imagine pas que celles qu'il a faites depuis grossissent beaucoup le trésor.

« On me demandera sans doute s'il n'aurait pas été possible d'améliorer le sort de cet excellent homme, et je répondrai hardiment que non. Dans le courant d'un hiver rigoureux, nous lui envoyâmes du bois, et il le refusa. Toute offre du même genre était un outrage à son caractère. Je lui parlais, le mois dernier, de la possibilité de lui faire avoir une petite pension. Il me répondit, en souriant : « A quoi bon ? j'ai déjà trop ! » C'est que Menteli avait réalisé dans son admirable vie tout ce qu'ont rêvé les Sages. C'est qu'il ne s'était pas borné comme eux à étudier la théorie de la sagesse, mais qu'il l'avait réduite en pratique. A force de restreindre ses besoins, il était devenu aussi libre que l'homme puisse l'être sur la terre, et il était heureux, parce qu'il était libre.

« Nous étions cependant parvenus à lui faire disposer un petit logement plus propre, plus commode et plus sain que le trou dans lequel il avait passé tant d'années, et comme il ne répugnait point à cette faveur du Gouvernement, parce qu'il savait qu'elle lui était due à titre de travaux honorables, il s'était emparé de son nouveau domicile avec une joie d'enfant. Il l'occupait depuis huit jours.

« Le vingt-deux décembre 1837, vers trois heures de l'après-midi, Menteli sortit, comme d'ordinaire, avec ses deux jarres pour les aller remplir à la Seine. Les eaux étaient encore fort grandes. Le philosophe gagna lentement l'extrémité de l'île Louviers, du côté qui regarde le pont Marie, un peu au-dessous de l'estacade. Il remplit sa première cruche et la posa sur le rivage, puis il plongea la seconde dans la rivière. Il est probable qu'il éprouva quelque difficulté, car Menteli vieillissait, et son régime n'était pas fortifiant. On croit avoir remarqué alors qu'il s'appuya de la main gauche contre un bateau que le courant poussait à la grève, mais qui n'y était pas fixé, singulière distraction dans un savant qui s'était occupé toute sa vie de statique et de dynamique, et qui en aurait disputé avec Archimède ! Au premier effort, le bateau dériva et l'infortuné disparut dans les flots. Des ouvriers qui rangeaient du bois sur les piles poussèrent des cris d'alarme.

« Quelques bateliers passèrent, sans les entendre ou sans les écouter. Au bout d'un quart d'heure, on en vit un qui essayait quelques recherches, mais il était trop tard. On ne retrouva rien, et l'on n'aurait retrouvé qu'un cadavre. Ces gens se consolèrent aisément. Ce n'était en définitive que le *sauvage de l'Arsenal*, et ils ne savaient pas que le sauvage de l'Arsenal fût un des hommes les plus remarquables du siècle.

« Menteli avait une cinquantaine d'années. Il doit laisser de nombreux écrits ; mais il ne restera de la mémoire de ce grand homme que ces tristes lignes d'adieu. Pour tirer parti de ses ouvrages, il faudrait savoir les lire, et pour savoir les lire, il faudrait rencontrer ce qui ne se rencontrera plus, un autre Menteli. »

Le nom de Menteli ne sera plus désormais un vague et obscur souvenir dans les traditions légendaires de la Bibliothèque de l'Arsenal, puisque Charles Nodier s'est chargé de l'oraison funèbre du savant linguiste hongrois, du Saint-Preux polyglotte de mademoiselle Julie, cantinière à la jambe de bois.

P. L. JACOB, bibliophile.

LES LIVRES

Lettres de Synésius, traduites pour la première fois et suivies d'études sur les derniers moments de l'hellénisme, par F. LapATz (1).

Synésius de Cyrène, issu d'une famille dorienne qu'il faisait remonter à l'antique Hérakles, nourrit son génie hellénique aux écoles d'Alexandrie et d'Athènes. Un traité qu'il écrivit en 401, l'*Egyptien ou de la Providence,* ne contient que des idées néo-platoniciennes. Le Dieu de Synésius est un dieu immobile, étranger au monde et qui craindrait de se souiller en intervenant dans les choses humaines. Ce Grec nourri d'antiquités, curieux tout ensemble de mystères et de sciences, écrivit un *Traité des songes* et se livra à de sévères spéculations astronomiques et physiques. Une de ses lettres prie Hypatie de commander pour lui un hydroscope, et l'*Anthologie* conserve une épigramme dans laquelle il décrit avec une savante précision la sphère armillaire.

Ingénieux et mystique, il écrivit un poème sur la calvitie et des hymnes platoniciennes. Ses lettres, écrites avec un art subtil, sont d'un homme honnête et courageux, d'un grand citoyen et d'un Hellène qui ne peut comprendre ce qui n'est point hellénique.

Ce Grec de Lybie était tout jeune encore quand il fut envoyé par ceux de Cyrène à Constantinople, réclamer de l'Empereur l'allégement des lourds impôts qui écrasaient la Pentapole ruinée. Il dut attendre plus d'un an la chute de l'eunuque Eutrope, méditée sourdement au fond du gynécée ; enfin il parla fièrement dans le sénat d'Arcadius, et fut écouté.

A son retour, il trouva sa patrie ravagée par les Africains nomades. Les paysans s'étaient réfugiés dans les forteresses. Plus de moissons, plus de fer dans la Cyrénaïque épouvantée. Des soldats indisciplinés et des chefs cupides, de lâches citoyens et des magistrats indifférents augmentaient l'audace des barbares que ne maintenait plus par delà les frontières la majesté abolie de l'Empire romain. Et dans les murs des cités, vides d'industrie et de trafic, la féroce cupidité du préfet mpérial réjouissait la plèbe du spectacle des meilleurs citoyens torturés et spoliés. Synésius réunit une petite troupe de braves gens et dispersa les pillards. Puis, il se retira dans sa villa rustique où il cultivait le safran et chassait l'autruche. Sa vie était alors « une fête sans tumulte » embellie par l'étude des sciences et « les saintes orgies de la contemplation ; » mais, en l'an 405, le siége épiscopal de Ptolémaïs devint vacant et le peuple qui, en Cyrénaïque, avait gardé le droit d'élire

(1) In-8, Didier et Cᵉ, éditeurs.

ÉTUDE SUR JEAN COUSIN

Nous devons à l'obligeance de M. Ambroise Firmin-Didot la communication de l'extrait suivant de son important travail, qui va paraître prochainement, sur l'une des gloires de l'art français. Ce chapitre détaché est consacré aux livres publiés par J. de Marnef et ornés de figures sur bois que M. Didot attribue à Jean Cousin. On y trouvera des renseignements complètement nouveaux sur les *Métamorphoses d'Ovide* figurées et les *Fables d'Ésope,* si estimées des bibliophiles, ainsi que sur une édition des *Fables* d'Ésope, inconnue jusqu'à ce moment.

JEROME DE MARNEF

ILS de Jérôme de Marnef Ier, il continua les traditions artistiques de la famille ; il était frère de Jane de Marnef, veuve de Denys Janot, remariée ensuite à Étienne Groulleau ; Denyse de Marnef était sa sœur.

Il fut quelque temps associé avec son frère Denys de Marnef (1). M. Duplessis, p. 39, a remarqué dans l'*Officium Romanorum tribus temporibus una cum suis Psalmis...* Parisiis, apud Hieronymum et Dionysium de Marnef fratres, 1555, douze petites estampes représentant les mois de l'année et les travaux rustiques, qu'on pourrait attribuer à Jean Cousin.

La marque de Jérôme de Marnef (746, Silvestre), et surtout la marque 812, attestent le grand style de Jean Cousin, et les livres qui portent le nom de Jérôme de Marnef, de Groulleau et de Corrozet, prouvent, par le mérite de leurs gravures, que les rapports qui existaient entre ces artistes

(1) De 1550 à 1554, d'après le *Catalogue* de Lottin.

typographes et Jean Cousin, au temps de Denys Janot, s'étaient perpétués dans la même famille. Cette connexité m'a guidé dans mes recherches pour découvrir la main de Jean Cousin dans plusieurs livres où leur nom sert d'indice.

La grande Marque de J. de Marnef, dessinée par Jean Cousin.

Le nom de Jérôme Marnef reparut d'abord sur les livres qui avaient été imprimés par Denys Janot, par sa veuve Jane de Marnef et par Étienne Groulleau. En 1564, Jérôme de Marnef et Guillaume Cavellat réimpriment les *Harmonies evangelicæ*. Parmi les ouvrages illustrés de gravures

de Jean Cousin, Papillon cite (t. I, p. 204) *les Histoires prodigieuses* (1).
Elles ont, en effet, tous les caractères de son dessin. L'édition de 1575
porte : « *De l'imprimerie de Hierosme de Marnef et Guillaume Cavellat;* » la seconde, de 1578, « *Chez Hierosme de Marnef et la veuve de
Guillaume Cavellat* (2). »

Le premier tome (édition de 1578) contient 53 gravures; le tome second
de l'édition de 1575 en a 14, et le tome troisième de la même édition, 17.
Plusieurs sont répétées (3). Dans cette édition, ainsi que dans celle des
Métamorphoses d'Ovide et des *Fables* d'Ésope données par Jérôme de
Marnef et dont je vais parler, on voit à la fin la seconde marque de cet
imprimeur représentant un griffon avec cette devise : *Virtute duce crescit
fortuna*. Il ne faut pas la confondre avec celle de Sébastien Gryphe, dont la
devise était : *Virtute duce comite fortuna*.

Papillon nous dit que Jean Cousin a fait aussi les dessins pour les
Épîtres d'Ovide et pour les *Métamorphoses d'Ovide*.

« J'ai encore (de Jean Cousin), dit Papillon (t. I, p. 204), les figures des
« XXI Épîtres d'Ovide, imprimées à Paris, en latin et en françois, l'an 1579, par
« ou pour Hierosme de Marnef, et la veuve de Guillaume Cavellat; les figures
« des Métamorphoses d'Ovide, in-vingt-quatre, en latin et ensuite en fran-
« çois, etc. »

Ces deux éditions des *Épîtres d'Ovide* de 1579, que possédait Papillon,
me sont inconnues. J'ai pu en examiner une, publiée antérieurement par
les mêmes éditeurs. En voici le titre :

*Les XXI Épîtres d'Ovide. Les deux premières traduites par Charles
Fontaine Parisien : le reste est par lui revu et augmenté de préfaces. —
Les Amours de Mars et Vénus et de Pluton vers Proserpine, imitacion
d'Homère et de Virgile.*—A Paris, chez Hierosme de Marnef et Guillaume
Cavellat, 1571, in-16.

Les figures sur bois de ce volume sont au nombre de vingt-trois : lar-

---

(1) Recueillies par Boaistuau, dit Launay ; par Tisserant, Parisien ; par Belleforest,
Comingeois.

(2) Il résulte de cette dernière souscription que Guillaume Cavellat ne vivait plus
en 1578 ; ce qui permet de rectifier la date de 1583 donnée par Silvestre dans ses *Marques
typographiques* comme celle de la mort de l'associé de Jérôme de Marnef.

(3) L'exemplaire que j'ai consulté est composé de ces deux éditions. Une autre, en 1598,
chez la veuve Guillaume Cavellat, est divisée en six livres. Le tome Ier contient 51 gravures. Le privilége, daté du 10 septembre 1597, est accordé à Denyse Giraut, veuve de
feu Guillaume Cavellat. Une édition, format in-12, a paru à Anvers en 1594. Elle contient cinq livres. Les planches gravées sont des contrefaçons.

geur, 50 mill.; hauteur, 49 mill. Leur style est remarquable et confirme le dire de Papillon. Cette édition étant d'une rareté excessive, je crois devoir donner l'intitulé des 23 gravures, d'après l'exemplaire de la Bibliothèque nationale.

P. 14, Pénélope escrit à Ulysses.
— 33, Phyllis escrit à Démophon.
— 48, Bréséïs escrit à Achilles.
— 63, Phédra escrit à Hippolyte.
— 80, Énone escrit à Pâris.
— 100, Hipsiphile escrit à Iason.
— 117, Dido escrit à Eneas.
— 138, Hermione escrit à Orestes.
— 155, Deianire escrit à Hercules.
— 175, Ariadne escrit à Théseus.
— 195, Canace escrit à son frère Macaire.
— 208, Médée escrit à Iason.
— 228, Laodamie escrit à Protésilaüs.
— 245, Hypermestra escrit à Linus.
— 257, Pâris escrit à Héleine.

P. 278, Héleine escrit à Pâris.
— 318, Héro escrit et répond à Liander.
— 337, Museus, ancien poëte grec. *Des Amours de Léander et Héro*, traduit en rime françoise par Clément Marot, etc., la planche p. 318 y est reproduite.
— 361, Aconce escrit à Cidippe.
— 377, Cidippe escrit et respond à Aconce.
— 391, Sapho escrit à Phaon.
— 411, Les Amours de Mars et de Vénus.
— 420, Le ravissement de Proserpine.

Hierosme de Marnef en a donné une autre édition en 1580. Dans les deux éditions des *Épîtres d'Ovide*, imprimées dans le même format, à Lyon, par de Tournes, en 1556 et 1573, le texte est le même, mais les figures sont en petit nombre, d'une dimension moindre et totalement différentes.

Je possède plusieurs éditions des *Métamorphoses d'Ovide*. Dans chacune d'elles, les gravures sont les mêmes et au nombre considérable de cent soixante-dix-huit. Voici le titre de celle qui porte la date de 1570. Elle est en latin : *Metamorphoses Ovidii, argumentis quidem soluta oratione, Enarrationibus autem et Allegoriis Elegiaco versu accuratissime expositæ, summaque diligentia ac studio illustratæ per M. Ioan. Sprengium Augustan. una cum artificiosis picturis, præcipuas historias apte representantibus.* Parisiis, apud Hieron. de Marnef et Gulielmum Cavellat, 1570, in-16. (Voir le n° 694 de mon *Catalogue*.)

Toutes les autres sont en français. Deux sont à la date de 1574, l'une en prose, l'autre en vers. Les gravures, très jolies, au nombre de cent soixante-dix-huit, ont en effet toute apparence d'être de Jean Cousin, et je ne vois aucun motif de ne pas les lui attribuer; mais la gravure en est très médiocre. (Voir les n°ˢ 695 et 696 de mon *Catalogue*.)

Leur dimension diffère de celle des *Épîtres :* elles ont 55 millim. de largeur et 43 mill. de hauteur.

J'ignore le nom du traducteur en prose.

Voici le titre de l'édition en prose :

Les XV livres de la Métamorphose d'Ovide, poète très élégant, contenants l'Olympe des histoires poétiques, traduictz de latin en françois. Reveuz, corrigez et augmentez de plusieurs figures, outre les précédentes impressions. A Paris, chez Hierosme de Marnef et Guillaume Cavellat, 1574, in-16.

Voici le titre de l'édition, aussi de 1574 , en vers français :

Les quinze livres de la Métamorphose d'Ovide, interpretez en rime françoise, selon la phrase latine, par François Habert, d'Yssouldun, en Berry, et par lui présentez au Roy Henry II. Nouvellement enrichiz de figures non encores par cy devant imprimées. (Même adresse que la précédente.)

Cette traduction en vers français par François Habert a eu de nombreuses éditions avec figures sur bois. Voici les renseignements bibliographiques que j'ai pu recueillir à ce sujet.

En 1557, Paris, *Étienne Groulleau,* pet. in-8. C'est sans doute l'édition originale. Elle est sans gravures.

En 1566, 1573, 1574, 1580, 1582 et 1587; Paris, *Hierosme de Marnef,* qui a publié successivement ces six éditions in-16.

Les de Tournes ont donné également un grand nombre d'éditions des *Métamorphoses d'Ovide,* avec des titres différents.

D'abord sous ce titre : *La Métamorphose d'Ovide figurée;* Lyon, Ian de Tournes, 1557 (1), 1564, 1583, 1584, pet. in-8°, les 178 figures sur bois sont au même nombre que dans les éditions de Marnef; — avec le texte italien : 1559 et 1584, pet. in-8° (2). Ensuite sous ce titre : *Olympe ou Métamorphose d'Ovide;* (Genève) Ian de Tournes, 1597 et 1609, in-16 (3).

Dans ces éditions de Lyon, les gravures sont d'une autre main, et on les a attribuées au *Petit Bernard* (4).

Indépendamment de nombreuses éditions des *Métamorphoses* et des *Épîtres* d'Ovide, avec des gravures sur bois, publiées par Jérôme de Mar-

---

(1) (2) (3) Voir les n°ˢ 522 à 526 de mon *Catalogue raisonné.*

(4) Voyez ce que j'ai dit à ce sujet dans mon *Catalogue raisonné* des livres de ma bibliothèque, p. clviij et suivantes, p. ccxviij, et dans mon *Essai sur la gravure sur bois,* pp. 242, 238, 239, et aussi p. 170. L'antériorité des dates et quelques indices donnent lieu de croire que les gravures des éditions de De Tournes sont du Petit Bernard; et pourtant Papillon, qui possédait les éditions de Paris, qui en sont des *fac-simile,* les dit être de Jean Cousin, et, en effet, on reconnaît son style dans ces deux *fac-simile.* Lequel est l'original?

nef et Jean de Tournes, dont j'ai donné la liste, j'en citerai quelques autres que je possède.

1528. *Les XXI Epistres d'Ovide translatées de latin en françoys par Révérend père en Dieu Monseigneur l'Évesque d'Angoulesme.* Paris, pour *Gaillot Dupré,* in-8. Les gravures semi-gothiques sont grossoyées. (N° 604 de mon *Catalogue.*)·

1538. *Le Grand Olympe,* imprimé par *Jean Réal* pour Alain Lotrian, in-8 ; les gravures y sont encore plus grossoyées. (N° 617 de mon *Catalogue.*)

1539. *Les XV livres de la Métamorphose,* chez *Denys Janot,* pet. in-8. Les figures, dont une partie est encore grossoyée, sont en partie au trait finement exécutées. On y voit le mélange de l'ancien et du nouveau système quant au style du dessin et à l'exécution des gravures. (N° 619 de mon *Catalogue.*)

1543. *Le Grand Olympe,* chez *Guillaume Le Bret,* in-8°. Les gravures sont encore inférieures aux précédentes. (N° 618.)

1608. *La Métamorphose d'Ovide, contenant l'Olympe, etc., mis en meilleur françois.* Rouen, chez Théodore Reinsart, avec 178 gravures sur bois, contrefaites sur celles de l'édition de Jean de Tournes, 1557. (N° 761 de mon *Catalogue.*)

Brunet cite encore un grand nombre d'autres éditions avec gravures sur bois ; la première, extrêmement rare, sans nom de lieu ni de date, remonte aux premiers temps de l'imprimerie : les gravures en sont très grossières.

Parmi les dernières éditions exécutées avec un très grand luxe et un très grand nombre de gravures, je citerai celle d'Amsterdam, imprimée par le célèbre Wetstein, 1732, en deux grands volumes in-folio, dont les belles planches ont été dessinées par Bernard Picart.

Celle de Paris, Leclerc, etc,, en quatre volumes in-4°, avec les gravures d'après les dessins de Le Mire et Bazan : Paris, 1818.

Enfin celle de Villenave ; Paris, 4 vol. grand in-4°, imprimée chez P. Didot, avec gravures d'après les dessins de Le Barbier, Monsiau et Moreau.

Sous le rapport littéraire et sous celui des beaux-arts, ces indications offrent des renseignements qui ne sont pas sans intérêt pour suivre les différences du goût aux diverses époques. On n'oserait plus entreprendre aujourd'hui une édition des *Métamorphoses d'Ovide* avec un pareil luxe de gravures, ni même d'éditions plus modestes. Nous ne sommes plus aux temps heureux des fictions et du merveilleux !

———

L'édition des *Fables d'Ésope,* avec les gravures de Jean Cousin, est tellement rare, qu'elle avait échappé à toutes mes recherches ; enfin elle

s'est trouvée à Lyon dans la bibliothèque de M. Yemeniz. Je n'avais
pu la découvrir dans aucune bibliothèque ni publique ni privée. En voici
le titre :

Les Fables et la Vie d'Ésope Phrygien, traduites de novveau en fran-
çois selon la vérité grecque, novvellement augmentee\ et enrichies de
plusieurs figures tant en la Vie que e\ Fables d'iceluy non encore par cy
devant imprimées. — A Paris, chez Hierosme de Marnef et la veuve de
Guillaume Cavellat, au mont Saint Hilaire, à l'enseigne du Pélican, 1582,
in-16.

Cette édition est-elle la première ? Son titre indiquerait qu'elle avait été
précédée par d'autres moins complètes en gravures. Celle-ci contient
34 gravures pour la Vie d'Ésope et 116 pour les Fables, en tout 150 vignettes.

Voici ce que Papillon, qui les possédait, dit en parlant de ces gravures
sur bois de *Jean Cousin* (p. 204) :

« J'ai aussi plusieurs estampes des Apôtres, et trente-trois autres de la Vie
« d'Ésope (1), pour un petit in-24. Ces dernières furent copiées à Lyon vers
« 1600. J'ai vu un livre de la Vie et des Fables d'Ésope imprimé dans cette ville
« pour la deuxième édition, en grec et en latin, et vendu par Jean Juilleron, où
« il y a de ces copies. Elles n'approchent point des originaux. Les Fables sont
« encore plus mal, et j'en ai une grande partie. On croit que Cousin a gravé
« d'autres figures des Fables d'Ésope. Elles ont 1 pouce 16 lignes de large sur
« 21 lignes de haut. »

Le grand succès obtenu par de Tournes pour ses *Fables d'Ésope*, ornées
de gravures sur bois, succès attesté par neuf éditions, à ma connaissance,
dans l'espace d'une soixantaine d'années (1547-1607), a engagé Jérôme de
Marnef à faire concurrence à son confrère de Lyon, comme il l'avait faite
pour les *Métamorphoses* d'Ovide. Pour rendre cette concurrence sérieuse
et efficace, il résolut d'enrichir son édition des Fables d'Ésope d'un plus
grand nombre de vignettes que n'en avaient les éditions lyonnaises, et surtout de recourir pour leur exécution au talent de Jean Cousin.

L'édition donnée par de Marnef offre un curieux mélange de vignettes
de plusieurs dimensions différentes, et dont le dessin et la gravure accusent
aussi des mains différentes.

Celles de la vie d'Ésope sont très remarquables par leur style, et l'on y
reconnaît facilement le talent de Jean Cousin. Parmi celles des Fables, 23

(1) Des quatre éditions de De Tournes que je possède, Lyon, 1551; Lyon, 1570;
Lyon, 1607, et Genève, 1694, aucune n'a de gravure dans la *Vie d'Ésope* qui précède
les *Fables*.

ont été copiées sur celles de l'édition de De Tournes de 1551 (qui sont sans doute les mêmes dans les éditions antérieures du même éditeur), et 1 sur celle de la page 262 de l'édition de De Tournes de 1570. Ces copies, d'une fidélité frappante, mais d'une gravure médiocre, ont généralement 47 millim. de largeur sur 35 millim. de hauteur, tantôt un peu plus, tantôt un peu moins, et s'éloignent souvent des dimensions des originaux, qui varient entre 46 millim. de largeur sur 32 millimètres de hauteur, et 47 millim. sur 35. Les autres 92 vignettes de l'édition de Marnef sont *originales*, et de ce nombre 48 ont été copiées à leur tour pour les éditions de De Tournes, sans doute par un sentiment de réciprocité pour les contrefaçons antérieures, chose très fréquente à cette époque. 46 de ces copies se retrouvent dans l'édition de De Tournes de 1607, très rare et non citée par Brunet, et 2 autres dans celle de 1694, donnée à Genève par Samuel de Tournes. Les dimensions de ces copies par rapport aux originaux sont dans la même proportion que pour les vignettes précédentes, c'est-à-dire que celles de De Tournes sont plus variables et généralement plus petites que celles de Marnef. Le dessin des originaux de Marnef est bien supérieur à celui des compositions originales de De Tournes, mais on ne saurait les attribuer sûrement à Jean Cousin. Leur gravure est préférable à celle des vignettes copiées d'après de Tournes pour Marnef. Elles ne sont pas aussi mal exécutées que Papillon le dit; il faut même les comparer soigneusement avec les originaux pour pouvoir les distinguer (1).

Je viens de dire que sur 92 vignettes *originales* de l'édition de De Marnef 48 ont été copiées pour De Tournes. Les 44 qui restent ne figurent nulle part ailleurs, même à l'état de copies; elles portent généralement le grand caractère de Jean Cousin et se distinguent aussi par l'excellence de leur gravure, de même que les 34 vignettes de la *Vie* d'Ésope. Mon précieux volume contient donc 78 compositions de Jean Cousin, totalement inconnues, et, chose curieuse, aucune d'elles n'a été copiée pour les éditions lyonnaises. Elles tranchent parmi les autres vignettes du même volume par leur dimension uniforme et plus grande : 51 millim. de largeur sur 36 millim. de hauteur. Les plus remarquables sont celles des pages 164, 189, 193,

----

(1) Je dois à l'amitié de M. Fick, imprimeur aussi habile qu'instruit, à Genève, le don d'un Album, tiré à 75 exemplaires, où il a réuni toutes les gravures sur bois qui, de père en fils, se sont conservées dans son imprimerie, et, comme il les a imprimées avec la netteté que les progrès de la typographie permettent maintenant d'apporter à l'impression des bois, on peut mieux juger du mérite des *copies* lyonnaises. Ce sont, p. 14 de son Album :

1° L'aigle et la corneille,	p. 150, éd. de Lyon, 1607,	p. 90, éd. de Genève.
2° Le milan malade,	p. 164,	id.	p. 98,
3° Le larron et le chien,	p. 173,	id.	p. 103,
4° La chauve-souris,	p. 200,	id.	p. 121,
5° L'homme et ses deux femmes, p. 274,		id.	p. 170,

196, 199, 206, 213, 214, 216, 220 et 224. Leur authenticité est attestée par les signes caractéristiques particuliers à Jean Cousin, tels que les fonds des paysages, les pyramides, les ruines, les monuments circulaires ou demi-circulaires qu'il avait l'habitude de prodiguer dans ses compositions et dont il a fait, en quelque sorte, son monogramme.

Quant à une autre édition des Fables d'Ésope avec des gravures, dont Papillon donne les dimensions, mais dont il parle par ouï dire, je crois qu'il a été induit en erreur.

Après ces renseignements, qui n'ont jamais été donnés sur les éditions lyonnaises des Fables d'Ésope, on saura à quoi s'en tenir, et l'heureuse découverte de l'exemplaire, peut-être unique (1), de ces Fables, m'a permis de constater l'exactitude de Papillon en ce qui les concerne. Ce détail ajoute un nouveau poids aux autres renseignements qu'il nous a fournis sur Jean Cousin.

Testamenti novi editio Vulgata. Parisiis, apud Hieronymum de Marnef et Guilielmum Cauellat, sub Pelicano, monte D. Hilarii, 1563. In-16 de 657 feuillets et table. Cette édition, qui peut-être n'est pas la première, contient pour les *Évangiles* cent dix gravures, dont plusieurs sont répétées ; les *Actes des Apôtres* ont douze gravures, et l'*Apocalypse* vingt-deux. Leur dimension est de 2 pouces 2 lignes de haut sur 1 pouce 8 lignes 1/8 de large.

La gravure, grossoyée, est d'une main peu habile, et l'impression est très imparfaite, mais partout on y reconnaît le style de Jean Cousin : il suffit de jeter les yeux sur les figures des Evangélistes, p. 3, 92 et 150, et sur celles des Apôtres, p. 406, 581 et 607. Ces dessins, du moins pour la plupart, ont pu être faits sous ses yeux par quelqu'un de ses élèves.

Papillon parle aussi d'un Virgile en français, de même format in-24 que les *Métamorphoses d'Ovide,* où se trouveraient quelques petites planches de Jean Cousin.

C'est aussi chez Jérôme de Marnef que parut :

Le Livre de la Lingerie, *composé par maistre Dominique de Sera, Italien, enseignant le noble et gentil art de l'esguille, pour besoigner en tous points : vtile et profitable à toutes dames et demoyselles pour passer*

(1) Ce sont les ouvrages les plus populaires qui, quelques nombreux qu'en soient les tirages, disparaissent le plus complètement. Ainsi, Renouard cite comme exemple les *Colloques familiers* d'Erasme, imprimés à 24,000 exemplaires, dont il eut peine, dans sa longue carrière de bibliophile, à découvrir un seul, qui était même imparfait. On recherche aujourd'hui les rares exemplaires du *Catéchisme de l'Empire,* bien qu'il ait été imprimé à plus de cinq cent mille exemplaires.

le temps et éuiter oysiueté, nouvellement augmenté et enrichi de plusieurs
excellents et divers patrons, tant du point coupé, raiseau, que passe-
ments, de l'invention de M. Jean Cousin, peintre à Paris. — A Paris,
chez Hierosme de Marnef, à l'enseigne du Pélican, 1584. Avec priuilége
du Roy.

Ce privilége est daté du 7 septembre 1583, il porte :

« Par la grâce de Dieu…, etc., est permis à Hiérosme de Marnef, libraire-
« juré, etc., d'imprimer le livre de Lingerie, nouvellement augmenté de plu-
« sieurs excellents patrons, tant de point coupé, raiseau que passements, de
« l'invention de M. Jean Cousin, peintre à Paris, etc. »

Mais, pour distinguer parmi les planches de Sera celles dont on est rede-
vable à Jean Cousin, il faudrait pouvoir confronter avec cette précieuse
édition (1) une édition précédente que Brunet cite d'après Duverdier, à la
date de 1583.

Dans cette édition *augmentée des dessins de Jean Cousin,* le titre *his-*
torié, qui est incontestablement dessiné par lui, nous aide à reconnaître la
main de ce maître dans les titres d'autres ouvrages auxquels, à l'exemple
de Holbein et de Dürer, il n'a pas dédaigné de prêter son concours.

Je m'étonne que Papillon, qui est entré dans des détails minutieux en ce
qui concerne la gravure sur bois et les travaux en ce genre de Jean Cousin,
ait négligé de parler de ce Livre de Dentelles dont nous sommes authenti-
quement informés par un privilége royal.

AMBROISE FIRMIN-DIDOT.

(1) On n'en connaît qu'un seul exemplaire à la bibliothèque de l'Arsenal, no 11,954.

CAUSERIE LITTÉRAIRE

Observations sur l'Orthographe ou Ortografie française,
Suivie d'une *Histoire de la Réforme orthographique depuis le* XVe *siècle jusqu'à nos jours*, par Ambroise Firmin Didot.

2e édition, revue et considérablement augmentée. — 1 vol. in-8.

'EST une belle chose qu'une belle et forte vieillesse, surtout quand elle garde la vaillance au travail et la juvénilité de l'esprit, surtout — ce qui est bien plus rare — lorsque au lieu de se dorloter, et, comme dirait Montaigne, de « s'acagnardir » dans la routine qui est une vieillesse ajoutée à l'autre, une rouille sur une rouille, elle marche au progrès avec toute la verdeur de la jeunesse, et se préoccupe de ce qui fût bien moins que de ce qui doit être.

De tous les hommes de notre temps qui ont su ainsi le mieux faire oublier leur âge, en ne paraissant pas le porter, et en rompant d'avance avec le passé, dont tant d'autres se font un culte pour ne pas laisser croire que c'est un fardeau, j'en connais peu d'aussi vifs, d'aussi alertes en toutes choses, pour la marche des idées, comme pour l'autre; d'aussi pleins d'entrain et de verve que M. Ambroise Firmin Didot. Charles de Lacretelle, que nous nous rappelons tous, écrivit un jour à l'adresse de nos jeunes oisifs, dont il enviait la jeunesse, quoiqu'il méritât lui-même d'être appelé *le jeune* jusqu'à plus de quatre-vingts ans, ce beau vers qui restera proverbe :

Donnez-moi vos vingt ans si vous n'en faites rien.

M. Didot n'en aurait pas eu l'idée. Tel qu'il est, presque au même âge que Charles de Lacretelle, il n'a besoin que personne lui prête ses vingt ans : il les a, et son esprit en use avec l'activité qui est de cet âge, doublée de l'expérience qui est de l'autre. Ce sont deux forces d'une bien grande puissance, quand elles vont de compagnie; avec elles on peut tout tenter et à coup sûr, même des révolutions. Or, comme le disait dernièrement M. Sainte-Beuve[1], M. Didot aujourd'hui n'essaie pas moins : il tente une révolution...... dans le Dictionnaire.

L'hiver dernier il frappa le premier coup. Une brochure de forte taille était son entrée de jeu. L'effet en fut immédiat et retentissant; on en parla partout dans les termes les plus flatteurs. Ce fut à qui s'associerait aux idées qui s'y trouvaient émises, et pour lesquelles l'expérience et la raison

<hr>

1 *Moniteur* du 2 mars 1868.

s'étayaient du plus solide savoir. La brochure partie en voltigeur, ayant ainsi fait sa campagne, se replia sur le corps d'armée, et maintenant elle revient avec lui pour livrer la grande bataille.

Au mois de Janvier nous n'avions que deux cent cinquante pages guerroyantes, aujourd'hui en voici cinq cents pleines et compactes, en texte gros et menu, menu surtout, car M. Didot, qui ne tire pas à la ligne, mais à l'idée, craint toujours qu'il n'y ait pas assez de choses dans une page, assez de preuves dans un argument. Il ne lui a pas fallu six mois pour ce nouvel ordre de bataille, pour cette transformation du livret en livre; le plus jeune de nous tous n'aurait pas fait plus vite, le plus expérimenté n'eût pas travaillé plus solidement; aussi je répondrais presque aujourd'hui que c'est partie gagnée : la brochure a fait l'émeute, le volume fera la révolution. M. Didot paraît en avoir le pressentiment. A sa hardiesse plus grande, on devine son espoir plus ferme dans le succès. Il a risqué au frontispice du livre ce qu'il n'avait point osé sur la tête de la brochure. Remarquez-y le mot *ortografie*, qui, absent sur l'un, se prélasse sur l'autre; faites attention à sa forme et à sa désinence; ce n'est rien et c'est tout. La réforme presque entière est là dans son germe, avec une de ses expressions les plus formelles et les plus désirées. Dans quelque temps, je n'en doute pas, ce simple mot aura fait son chemin sous la forme nouvelle, et les autres auront suivi. On ne donnera plus à la science du langage un barbarisme pour étiquette; on n'écrira plus, pour désigner l'art des mots, ce mot *orthographe*, qui n'en fut jamais un. S'il reparaît, ce sera émondé de deux lettres parasites, et orné, comme ses congénères, *photographie*, *géographie*, *lithographie*, de sa désinence véritable : on dira *ortografie*, comme il est de règle que cela soit, surtout pour cet art des règles, et comme d'ailleurs le voulait déjà, il y a trois siècles, Joachim Du Bellay, en son *Illustration de la langue françoise*.

Ce n'est pas pour ce fait seulement que M. Didot prend son autorité dans un livre d'autrefois. Presque toujours, il fait sa révolution pour l'avenir avec les éléments du passé. C'est armé de ce que celui-ci lui prête qu'il pousse et accélère vers l'autre le présent attardé entre les deux. Dans sa première édition, il avait déjà mis en œuvre avec une grande force de logique et de savoir tout ce que notre ancien langage lui avait fourni de preuves, puisées aux meilleures sources, pour faire voir que le français du moyen-âge, le vrai et naïf français, marchait à la légère, comme il convient à son essence, et dégagé par conséquent de toutes les lettres dont le pédantisme du xvie siècle devait seul le surcharger. Il semblait impossible, après ce qu'il avait dit, qu'il pût dire mieux et plus. C'est pourtant ce qui lui arrive, grâce au renfort le plus inattendu, le plus décisif.

M. Didot a le talent et le bonheur de pouvoir être à la fois un homme de profond savoir et un bibliophile des plus fins et des plus délicats. Il ne traîne pas sa science à la remorque des livres rebattus, qui l'embourberaient au lieu de la faire marcher; il aime au contraire à la faufiler dans les sentiers de l'inconnu et de l'*inédit,* où l'on ne perd jamais ses pas ni son temps, en courant à la découverte, et d'où, quelle que soit la chasse, on ne rapporte d'ailleurs que du gibier qu'on a soi-même abattu. Il cherche à merveille dans ces fourrés, et, comme on sait qu'il tire son parti de ce qui s'y trouve, on fait aussi des battues pour lui. Or, il y a quelques mois, notre Editeur, dont l'expérience et le flair n'ont pas besoin d'être loués ici, lui dénicha, je ne sais où, le plus curieux manuscrit dont il pût avoir besoin, pour le travail dont il est en peine. C'était un glossaire inconnu à Du Cange, qui, s'il l'avait eu en main, quand il fit le sien, aurait pu s'épargner dix ans de labeur et être plus complet : c'était un dictionnaire latin-français , entièrement *inédit,* commencé en 1420, et terminé en 1440. Vingt années de travail ! Quand on l'a vu, examiné, soupesé, comme nous avons fait, on n'en est pas surpris. Il ne fallait pas moins pour trouver, choisir et trier la matière qui remplit, sur deux colonnes à 86 lignes chacune, ces 942 pages in-folios, et pour en achever d'une écriture nette et fine la transcription sur vélin.

Quelque énorme que fut le volume, et quelque difficile qu'en fût le texte à certains endroits, il eut bientôt livré tout ses secrets à M. Didot. Ce fut pour lui une mine inépuisable d'enseignements nouveaux : mots inconnus, sens inattendus, acceptions *inédites,* etc. Ce n'est pas tout, en même temps que son ardeur d'apprendre y trouvait son compte, à chaque page, à chaque ligne, son amour propre de savant avait aussi à s'y satisfaire. Tout y venait confirmer ce qu'il avait pressenti et écrit à propos des formes orthographiques du français qui précéda celui de la Renaissance. Point de lettres inutiles, point de lettres doubles, rien de parasite enfin, comme il avait dit que cela devait être avant l'invasion du latinisme cicéronien dans notre langue, avant l'époque où devaient venir Robert Estienne et les autres fanatiques de la *langue latiale,* qui, sachant trop de latin et de grec pour nous bien guider dans le français, ne firent qu'encombrer, écraser celui de leur temps sous de fausses richesses qu'il ne demandait pas.

On s'en était passé jusqu'alors, non-seulement dans le langage du peuple, qui eut toujours le droit d'être plus dégagé; mais, ce dont on avait douté un peu, et ce que le document inespéré vient affirmer sans réplique, mais aussi dans le langage mieux stylé des hommes d'étude. De qui en effet ce Dictionnaire, si simple en sa forme orthographique, avec un si grand fond de science philologique, est-il l'œuvre? d'un moine, Firmin Le Ver, prieur des Chartreux de Saint-Honoré-lez-Abbeville, l'un des hommes certainement les plus experts alors en toutes les choses du savoir, et qui n'eût certes pas manqué, latiniste excellent comme il l'était, d'affubler son français de toutes les lettres parasites, écorchées du latin, si la mode de cet *enguirlandage* à la romaine avait déjà pris faveur.

Ainsi plus de doute, même chez ceux qui savaient le mieux le latin, le français écrit restait, au xvᵉ siècle, dégagé, dans sa forme orthographique, de ce qui aurait pu le trop garotter de latinité. Devenu grand garçon, il avait rejeté les langes qu'on lui avait taillés dans la défroque maternelle, quand un siècle après arrivèrent quelques pédants, qui, sous prétexte que ces lambeaux étaient pour lui une noblesse, les lui firent reprendre, après les avoir rapiécés et surchargés de toutes les guenilles latines qu'ils purent y coudre. Il fallut que chaque mot, lors même qu'il eût été arabe d'origine, vînt du latin, et prouvât qu'il en venait, par quelque lettre soi-disant étymologique, enfoncée dans sa moëlle, comme un coin dans celle du bois. Quoi que fissent les intelligents, les poëtes, Ronsard en tête, qui, s'il admettait l'esprit latin pour vivifier son style, n'admettait pas l'excès des lettres latines pour tuer ses mots, il fallût que notre langue s'allourdît de tout ce fardeau, et y perdît son allure, qui doit être aussi svelte et légère à l'œil qu'elle l'est dans son mouvement même.

« La langue française, dit Rivarol, est une géométrie formée avec une ligne droite, tandis que le latin et le grec sont formés avec des courbes. » Or, sous le poids dont on la surchargeait avec la dépouille des deux autres, elle arrivait à prendre quelque chose de leur courbure, et à ne rien garder de sa propre grâce.

Peu à peu, elle y est revenue davantage ; elle s'est dégagée, et, pour nous servir d'un mot que M. Hugo a mis à la mode, elle s'est *échenillée* de ces lettres parasites ; mais il en reste encore, et beaucoup trop. M. Féline, dont M. Didot cite le *Dictionnaire de la prononciation,* en a fait le calcul, et il est arrivé à ce compte, exagéré sans doute, mais qui réduit de moitié serait encore bien curieux : « J'ai cherché dans plusieurs phrases, dit-il, quelle serait la diminution des lettres employées, et celle que j'ai trouvée est de près d'un tiers. Supposons seulement un quart, si l'on admet que sur 35 millions de Français, un million, en terme moyen, consacrent leur journée à écrire ; si l'on évalue le prix moyen de ces journées à trois francs seulement, on trouve un milliard sur lequel on économiserait 250 millions par année. La librairie dépense bien une centaine de millions en papier, composition, tirage, port, etc., sur lesquels on gagnerait encore 26 millions. Mais le nombre des gens sachant lire et écrire décuplerait ; les livres coûtant un quart moins cher, il s'en vendrait par cela seul le double, et le double encore, parce que tout le monde lirait. »

M. Féline écrivait cela en 1851, avant que le télégraphe électrique fût en pleine activité. S'il l'eut connu, il ne l'eût pas oublié dans son calcul, pour une des applications les plus pratiques de l'économie de lettres qu'il demande dans les mots. Il est certain — et ce sera peut-être, en faveur de la cause soutenue par M. Didot, un des arguments les plus décisifs, parce qu'à la question de langage s'ajoutera ainsi l'intérêt bien plus puissant d'une question d'argent, — il est certain que si un quart des lettres disparaissait des mots, le prix de ceux-ci diminuerait, et qu'une dépêche de cinquante centimes, au lieu de n'en admettre que vingt, en pourrait accepter vingt-cinq et même trente.

Voyez ainsi comme tout se tient : l'Académie française,—qui pour cela du moins se trouvera bien de s'être adjoint un savant,—aura bientôt, quand elle se mettra en besogne pour la sixième édition de son *Dictionnaire*, à discuter de *télégraphie* en même temps que *d'orthographie ;* à traiter tout ensemble une question de langage et une question d'*économie domestique*. Celle-ci, j'en réponds, fera pression sur l'autre et aidera à la faire capituler.

Si, en 1694, quand parut la première édition du Dictionnaire, on eût connu la *télégraphie électrique*, et que chaque académicien se fût rendu compte des économies qu'il pouvait se préparer pour sa bourse, en rognant sur les mots, ceux-ci ne nous seraient pas arrivés aussi hérissés. L'émondage qu'on demande eût peut-être été fait tout entier du premier coup.

Il eût été bien utile alors. Malgré ce qu'avaient tenté les *Précieuses*, qui, en polissant le langage, avaient donné quelques coups de ciseaux dans les mots, et abattu dans un grand nombre ce qui débordait trop ; malgré Port-Royal, qui, mettant de la logique et de la mesure partout, en demandait pour ce qui représente la pensée, comme pour la pensée elle-même ; malgré l'abbé de Dangeau et ses essais d'orthographe phonographique, c'est-à-dire réglée d'après le son même des mots : le premier *Dictionnaire de l'Académie* arriva gros de toutes les lettres abusives, dont on maudissait ailleurs la superfétation.

Toute lettre simple y avait tort, et voyait quelque lettre double y jouer son rôle. Le F par exemple n'avait presque rien à son compte ; c'est au PH que tout foisonnait. Il y fallait chercher *Phantosme, Phantastisque, Phrénésie, Phai-san*. On n'attendait guère celui-ci à pareille place. Il y était pourtant. Quelqu'un avait trouvé que le faisan, volatile qui vient du *Phase*, devait dans son *Ph* initial porter un certificat de cette origine, et on le lui avait imposé. Qu'en résulta-t-il ? C'est qu'ainsi écrit on le confondit quelquefois avec *paisan*, et que l'équivoque amena les plus burlesques aventures : « Pourquoi, dit l'abbé de Dangeau, qui raconte la plus comique, pourquoi ne pas imiter les Italiens et les Espagnols qui n'ont pas cru être obligés à garder l'ortografe latine dans les mots venus du grec ? Si on en avait toujours usé de cette sorte, madame de... n'auroit pas été si scandalisée contre Eliogabale : « O que ces empereurs Ro-« mains étoient cruels, s'écria-t-elle un jour en bonne compagnie, ils faisoient « pendre des paysans et leur faisoient arracher la langue pour s'en nourrir. » Elle venoit de voir un livre qui disoit que cet empereur mangeait des pâtés de langue de phaisans, et s'imaginant qu'un *p* se prononçait toujours *p*, elle avait lu des langues de *paysans* au lieu de langues de *faisans !* »

Il fallut beaucoup de temps pour que le Dictionnaire de l'Académie, ce code du langage français, s'entr'ouvrît un peu pour laisser entrer l'orthographe française. C'est en 1740 seulement que, sous la pression des novateurs, il consentit à lui être accessible dans une assez large mesure. Jusque là porte close! *les Suisses du Dictionnaire*, comme les appelait l'abbé de Saint-Pierre, n'y avaient rien laissé pénétrer. L'un des plus rigides avait été l'abbé Regnier Desmarais, par conviction et par courtisanerie. Il savait que la lettre *y* était par exemple fort bien en cour, et que Louis XIV ne se mirait bien dans son titre que lorsqu'on l'écrivait Roy par un bel *y*; aussi, pour rien au monde l'abbé n'eût-il consenti à ce que le Dictionnaire, dont il avait le soin plus que personne, l'admît sous une forme différente. Il voulut faire de même pour quelques autres mots honorés, quoique fort barbares, d'une pareille préférence de la part du Roi; mais il trouva de la résistance chez ses confrères, moins courtisans que lui, et pour ne pas avoir le démenti de sa complaisance, il se rejeta sur la *Grammaire* qu'il faisait tout seul, et dans laquelle il pût à son aise consacrer les barbarismes royaux : « Jamais, dit dans une lettre, que je crois *inédite*, l'abbé d'Olivet, qui a seul raconté l'anecdote, jamais personne depuis la mort de l'abbé Régnier n'a songé à dire *bisson;* mais voici ce que je tiens de l'abbé Regnier lui-même : — Louis XIV ne prononçait jamais que *bisson* et *abre* pour *buisson* et *arbre*. C'est ainsi que les chasseurs ou peut-être, disait l'abbé Regnier, les piqueurs lui avaient appris à dire dans sa minorité. Quelques courtisans, nommément le cardinal d'Estrées, affectaient de parler comme le Roi, et ce fut par déférence pour ce Cardinal, et complaisance pour Louis XIV, que l'abbé Regnier eut la faiblesse de consacrer cette prononciation dans sa grammaire. »

D'Olivet n'aurait pas eu cette faiblesse. Ami de Voltaire, et l'un des premiers du mouvement philosophique, il penchait moins vers les idées de courtisanerie que vers les idées de révolution. Mais en 1740, quand il travaillait à la troisième édition du Dictionnaire et la dirigeait, il était encore trop tôt pour essayer d'innover dans l'Etat. Sa fougue de progrès se jeta toute sur le livre, qui s'en trouva fort bien; si bien même que M. Didot ne voudrait aujourd'hui qu'une révolution pareille : « Ce qui reste à faire, dit-il, est peu considérable et pourrait même être admis en une seule fois, si l'Académie se montrait aussi hardie qu'elle l'a été dans sa troisième édition. »

Elle le sera. Le conseil lui en est trop bien donné, la route lui est trop bien montrée et aplanie, pour qu'elle n'écoute pas l'un et ne marche pas hardiment dans l'autre.

ÉDOUARD FOURNIER.

CHRONIQUE.

Une estampe de 27,500 fr. —L'événement bibliophilique du mois a été la vente, à Londres, d'une magnifique épreuve de la *Pièce aux cent florins*, de Rembrandt. C'est M. Clément, marchand d'estampes, fournisseur de la Bibliothèque Impériale, qui s'est rendu acquéreur de cette estampe rare et précieuse, pour M. Dutuit, de Rouen, au prix 1,100 liv. st. Elle avait été adjugée, il y a quelques mois, à M. Palmer, contre le même M. Clément. M. Palmer étant mort peu de temps après, sa belle collection de gravures a été dispersée aux enchères par MM. Sotheby Wilkinson and Hodge. Voici quelques prix de cette vente remarquable. Ces prix sont en liv. sterl. (25 fr.) et en sch. (1 fr. 25.)

Berghem. Trois vaches couchées, 15 liv. 5 sch.

Albert Durer. Adam et Ève, 39 liv.

Hogarth. The Rake's progress, 9 liv. 10 sch. — Les Élections, 10 liv. 5 sch.

W. Hollar. Intérieur de la Banque royale, 17 liv.

W. Woollett. La Mort du général Wolfe, épr. avant toute lettre, retouchée par Woollett. Unique. 16 liv. — Bataille de la Hogue, avant la lettre, 36 liv. — Charles II débarquant à Douvres, d'après Wert, épr. avant la lettre, 29 liv.

G. Longhi. Madeleine repentante, d'après Corrège, avant la lettre, 35 liv.

Le Maître de 1488. Saint Georges vainqueur du dragon, 34 liv. 10 sch.

R. Morghem. La Cène, d'après Léonard de Vinci, épr. avant la lettre, avec une dédicace autographe du graveur à son ami « il signor Gaetano Pozzioli, » 250 liv. — L'Aurore, d'après le Guide, 68 liv.

F. C. Muller. La Madone de Saint Xiste, avant la lettre, 114 liv.

Rembrandt. Le Paysage aux trois arbres, 87 liv.—Jan Lutmat, 1er état, 84 liv. —Ephraïm Bonus, 65 liv.

V. Schiavone. L'Assomption de la Vierge, d'après Titien, 30 liv.

R. Srauʒe. Vénus et Adonis, d'après Titien, avant toute lettre, 99 liv.

J. Suyderhooft. Les Plénipotentiaires du traité de Munster, d'après le fameux tableau de Terburg, qui vient d'être vendu 182,000 fr. dans la vente San Donato, 29 liv.

La Société des Bibliophiles. — Dans la séance du 27 mai dernier, les membres de la *Société des Bibliophiles français* ont élu M. Guyot de Villeneuve en remplacement de M. Yéméniz, qui, après avoir vendu sa bibliothèque, a envoyé sa démission. M. G. de Villeneuve avait pour concurrent M. le comte de Baillon.

Les Livres nouveaux.—Dans cette Chronique nous ne mentionnerons que les publications nouvelles qui, par leur luxe d'impression, seront dignes d'être signalées aux amateurs. Ce mois-ci, notons trois ouvrages d'une admirable exécution typographique qui viennent de paraître. Ce sont :

Le Livre des cent ballades, *contenant des conseils à un chevalier pour aimer loialement sa dame et les responses aux ballades,* publié d'après trois manuscrits de la Bibliothèque

Impériale de Paris et de la Bibliothèque de Bourgogne de Bruxelles, avec une introduction, des notes historiques et un glossaire par le marquis de Queux de Saint-Hilaire. In-8 de XL-284 pages, texte encadré de filets roses, caractères italiques elzéviriens de Perrin de Lyon, papier vergé de Hollande.

Cet admirable livre n'a été tiré qu'à 500 exemplaires. M. le comte Albert de Circourt a beaucoup contribué à la publication de ces charmantes Ballades, ce que M. le marquis de Queux de Saint-Hilaire constate avec une rare modestie dans sa longue et savante introduction.

Les Vignettistes : Gravelot, Cochin, par Edmond et Jules de Goncourt, étude contenant deux dessins gravés à l'eau-forte. In-4 de 40 pages, caractères de Perrin de Lyon, papier vergé teinté, *figures charmantes*.

Le Velay : Fleurs des montagnes (par M. Aimé Giron). In-12 de 308 pages, caractères elzéviriens, papier vergé teinté, illustré d'une admirable vue photogr. du Puy-en-Velay.

Ce beau livre, qui n'a été imprimé qu'à 100 exemplaires, fait infiniment honneur à l'imprimeur M. P. Marchessou. Le texte est un inventaire poétique des auteurs anciens et modernes du Velay. M. Aimé Giron, bibliophile érudit, vient de faire faire un pas de plus à la décentralisation littéraire, et nous l'en félicitons vivement.

Le Bibliophile JULIEN.

Nota. Les originaux des quatre *fac-simile* de reliures qui se trouvent dans ce numéro font partie des Curiosités de la Bibliothèque Mazarine. Nous donnerons dans le prochain numéro les titres des ouvrages que recouvrent ces belles reliures, M. H. Cocheris, qui a bien voulu se charger de ce soin, n'étant pas à Paris au moment où nous mettons sous presse.   A. B.

Propriétaire-Gérante : Me Bachelin-Deflorenne.

Paris. — Imprimé chez Jules Bonaventure, quai des Grands-Augustins, 55.